CERDDI ARFON

CERDDI
ARFON

T Arfon Williams

Cyhoeddiadau
Barddas

Argraffiad Cyntaf — 1996

ISBN 1900437 05 8

Y mae Cyhoeddiadau Barddas yn gweithio gyda chefnogaeth Cyngor Celfyddydau Cymru, a chyhoeddwyd y gyfrol hon gyda chymorth y Cyngor.

Cyhoeddwyd gan Gyhoeddiadau Barddas
Argraffwyd gan Wasg Gwynedd, Caernarfon

I'R HEN BLANT,
A'U PLANT HWYTHAU

I Arfon

Yn Y Wern mae'n hanner nos, ond heno
fel petai'n ddechreunos,
ni ŵyr dy win ystyr 'Dos',
ni ŵyr ond ystyr 'Aros'.

Heno caf ger y tân coed haelioni
ffiol lawn yn ddioed —
awen ar drothwy henoed
a'i gwin hi yn drigain oed.

Gerallt

Cyflwyniad

Dyma drydydd casgliad T. Arfon Williams o'i gerddi, yn dilyn *Englynion Arfon* (1978), ac *Annus Mirabilis a Cherddi Eraill* (1984). Cefais y fraint o lywio'r ddwy gyfrol gyntaf hyn drwy'r wasg, yn ogystal â llunio cyflwyniad i'r ddwy. Gwnaf hynny eto gyda'r casgliad hwn, ar gais yr awdur.

Mae englynion a cherddi Arfon Williams yn llawn o ryfeddod. Mae'n rhyfeddu at bopeth. Os oes un thema y gellir ei hamlygu yn anad yr un thema arall yn y gyfrol, aileni yw'r thema honno: aileni'r dyn yn blentyn, ail-greu'r dinod yn rhyfeddod, ailganfod cyfaredd yn y cyfarwydd. Mae'r aileni hwn yn dechrau iddo â Christ ac â'i Gristnogaeth. Genir y dyn yn blentyn yn union fel y ganed y Duwdod yn rhith baban. I ddangos y thema gynhwysfawr hon ar waith yn ei gerddi, cymerwn 'Nadolig 1991' fel enghraifft:

> Heddiw'n chwil ar wib dros ddibyn â'n byd,
>   ac o bwll anoddun
>   ni ddaw nes dyfod o ddyn
>   eto yn ddiniweityn.

Diniweidrwydd yn unig a all ein hachub rhag gwallgof-rwydd. Mae'r englyn yn sôn am eni a dyfodiad Crist, ond yr 'ail-ystyr' yn yr englyn yw fod yn rhaid i ddynion hefyd aileni'r hen ddiniweidrwydd a'r hen ysbrydolrwydd ynddyn nhw eu hunain cyn y gellir, iacháu'r byd. Yr aileni hwn, yr awydd i ailgoledd ysbrydolrwydd, yn unig all ein cadw rhag mynd ar ddifancoll llwyr. Yn aml, byd gwallgof, 'byd o'i go', yw'r byd hwn, fel yn yr englyn 'Y Baban', a aned mewn 'beudy gwael mewn byd o'i go'', ac yn yr englyn 'Noswyl Nadolig':

> Fe all nad yw e'n callio oherwydd
>   i seren ddisgleirio
>   ond o'i weld mae byd o'i go'
>   'n dal ei anadl e' heno.

Yn ogystal â bod yn fyd lloerig, mae hefyd yn fyd o ofnau ac arswyd, fel yn 'Seren Bethlem', ond mae gwaredigaeth yn bosib.

Os gallodd Duw ymostwng ac ymwyleiddio yn y fath fodd ag ymddangos yn rhith plentyn o ddyn, yna, yn sicr, gall meidrolion wneud hynny. Mae'r broses hon o ymddiniweitio, o droi'r oedolyn yn blentyn, yn golygu ymwyleiddio. Mae'n rhaid i ni ryfeddu at y byd drachefn, ac ymarfer gwyleidd-dra, cyn y gellir darganfod y trysor yn y tryblith, yr ystyr yn y trybestod. Ei anallu i ymwyleiddio ac i ryfeddu o'r newydd a fu'n gyfrifol am fwrw'r dyn modern, yn ei hollwybodusrwydd a'i holl glyfrwch, ar gyfeiliorn llwyr:

> Hedodd yn uwch na'r Duwdod a'i amau,
>   a phlymio i'r gwaelod
>   isaf un hyd nes ei fod
>   ef ei hun yn ofynnod.

Aeth y dyn modern ar gyfeiliorn oherwydd iddo fethu ymwyleiddio gerbron Duw a methu ryfeddu at fyd:

> Ni chaiff y gorwych ffroenuchel a ddaw
>   fawr ddim dan y rhesel;
>   a ddaw yn wylaidd a wêl
>   Oen Duw yn cysgu'n dawel.

Ni, blant yr oes fodern, yw 'plant alltud a mudan y Cwymp', y lemingiaid ar 'lam angau'. Yng nghyd-destun y thema hon o aileni, ac o'r angen i ni gael ein geni'n blant bychain drachefn, eironig, ac arswydus, yw'r englyn rhagorol i'r 'Cyfrifiadur':

> Nid chwarae gyda graean na chwarae
>   â cherrig mae'r bychan;
>   ar ôl eu hel hwy ar lan
>   y môr mae'n cofio'r cyfan.

Mae'r cyfrifiadur yn declyn rhyfeddol, yn sicr, ond plentyn diryfeddod ydyw yn yr englyn hwn. Ynghlwm wrth y thema

hon o aileni mae thema gysylltiol arall, sef y thema o iachâd.
Er enghraifft, yn yr englyn 'Clychau'r Nadolig':

> Ceriwbiaid uchel orielau y nef
> sy'n llyfu doluriau
> hyn o fyd â'u tafodau
> oni chânt eu llwyr iacháu.

Mae'r englynion o'i eiddo i wrthrychau byd natur, yn ogystal ag i wrthrychau cyffredin bywyd, yn mynegi'r rhyfeddod hwn yn ei ganu. Ailenedigaeth o ryw fath yw pob gweld o'i eiddo. Mae'n gweld y byd o'i gwmpas mewn modd delweddol; mae'n gweld popeth o'r newydd. Mae'n gweld eirlysiau yn eu ffrogiau ffriliog yn dawnsio 'bale gorfoledd'; ac mae'n gweld ysgall fel menywod milwriaethus yn ceisio gwarchod hawliau benywaidd, mewn englyn rhyfeddol:

> Yn eu hetiau glas iasol, am warchod
> mae'r merched atebol
> gwrywaidd hyn sgwâr y ddol
> â phinnau amddiffynnol.

Fel y llyffant yn ei englyn

> Yn unig yn nugors anian ni all,
> yn ei ddillad croesan
> isod, ond disgwyl cusan
> awel hud a'i cwyd i'r lan

y mae Arfon hefyd yn gweddnewid gwrthrychau â gwialen ei awen, a hudlath ci odlau. Mae'n troi'r llyffant yn dywysog, a'r tywysog yn llyffant.

Mae barddoniaeth T. Arfon Williams fel neuadd ddrychau mewn ffair. Canolbwyntir ar un gwrthrych neu thema: dyna'r ddelwedd uniongyrchol yn y drych sydd o'n blaenau; ond mae'r holl ddrychau eraill yn neuadd ei ddychymyg yn adlewyrchu'r un ddelwedd mewn moddau gwahanol, a'r ddelwedd neu'r darlun neu'r thema wreiddiol yn ei lluosogi ac yn ei hamlhau ei hun. Nid ystyr ond ystyron sydd i'w englynion. Os cymerwn ddelwedd arall i geisio diffinio'i hanfod fel bardd, mae'r ddelwedd uniongyrchol, y brif ddelwedd neu syniad neu thema, fel carreg a deflir i ganol llyn. Y cylch cyntaf yn y dŵr yw'r brif ddelwedd, ond y crychdonnau mân sy'n lledu ar draws y llyn o'r gwrthdrawiad cyntaf â'r dŵr yw'r is-themáu a'r is-ystyron sy'n gorwedd o dan y brif thema neu'r brif ystyr. Mae pob un o'i englynion yn awdl.

ALAN LLWYD

Cynnwys

Diolch

Ymddangosodd y rhan fwyaf o'r cerddi hyn mewn cylchgronau a blodeugerddi eisoes a diolchaf am hynawsedd y golygyddion yn eu derbyn i'w cyhoeddi. Gan fod cynifer ohonynt ar wasgar felly ac ar ryw ddernynach o bapur ar hyd y tŷ yma, bernais mai doeth fyddai eu hel at ei gilydd rhwng cloriau.

'Rwy'n ddiolchgar iawn i'r Prifardd Gerallt Lloyd Owen am gennad i gynnwys yr englynion cyfarch a luniodd ar gais Einir pan oeddwn yn taro'r trigain. 'Rwy'n hynod o ddiolchgar i'r Prifardd Alan Llwyd, yr athro a'r cyfaill, am gytuno i ysgrifennu cyflwyniad i'r casgliad hwn eto, i Gyhoeddiadau Barddas am fentro ei gyhoeddi, ac i Wasg Gwynedd am y diwyg glân a roddwyd iddo.

Fy ngobaith yw y bydd ambell gerdd, efallai, yn rhoi i'r sawl a'i darlleno rywfaint o'r hyfrydwch a brofais i wrth ei llunio.

Haf 1995   T. ARFON WILLIAMS

Cerddi Cariad

Ein Priodas
(Ar ben 25 mlynedd)

Hen yw, ond afon yw hi o gariad
    agored heb wyrni
   yn ei llwybr ac yn ei lli
   mae deuddyn yn ymdoddi.

Ar Ben-blwydd Ein Priodas

Rywsut, hyd y ddaear isod, i mi
    y mwyaf rhyfeddod
   ydyw un sy'n mynd a dod
   hyd Y Wern bob diwrnod.

Ar Ben-blwydd Ein Priodas

Yn nechrau Medi sisial mae'r awel
    mai 'mhriod ddihafal
   o hyd wyt, ac 'rwyf i'n dal
   i ddotio yn ddiatal.

30ain Pen-blwydd Ein Priodas

O edrych ar dy fodrwy yn tynhau,
    yn teneuo mwyfwy,
   gweld fflachiad anllygradwy
   lendid y mererid 'rwy'.

Ar Ben-blwydd Ein Priodas

Rhywbeth fel pry' digrebwyll yw Arfon
    ar ryw yrfa orffwyll;
     nid yw byth yn cadw'i bwyll
     ag Einir iddo'n gannwyll!

Ar Ben-blwydd Einir

Yn ddiatreg heddiw hytrach yn hŷn
    yw Einir, ond grwgnach
    ni wnaf i o gael y fach
    eleni eto'n lanach.

Einir

Â mi'n llanc ifanc cofiaf ei hannwyd
    gwanwynol trwm arnaf;
    â mi'n hŷn, dan dwymyn haf
    y fechan hir glafychaf.

Einir

Gem o wraig ddigymar yw hon; iddi
    pe meddai am noson
    ar Beriw ei haur o'r bron
    o'i wirfodd roddai Arfon.

Ar Ben-blwydd Einir

Ni chaiff y diffeithwch effaith arnaf;
    mae'r siwrne yn berffaith
    yn d'ymyl, fy nghydymaith,
    — os wyt yn bedwar deg saith.

Ebrill yn Y Wern

Ar ôl mynd o'r hirlwm erch daw'r adar
    i oedi a'n hannerch
  ni ein dau â salmau serch,
  fy mhrydferth, fy mhriodferch.

Einir, y Cyw Hanner Cant

Mae ymysg rhianedd heddiw un nad
    â'n hŷn fel y rhelyw;
  lodes anhygoel ydyw
  Einir Wynn, a 'nghymar yw!

Ym Mhen Blwyddyn

Wele heddiw, os wyt flwyddyn yn hŷn,
    os wyt â gwallt claerwyn,
  wyt, gyw hanner cant ac un,
  heb os yn dal yn bisyn.

Pen-blwydd Hapus

i un y mae haelioni ei natur
    yn ateb ei thlysni;
  calon Arfon ydyw hi
  a goreuwraig Eryri.

Ar Ben-blwydd Einir
(Ym mis Hydref)

Yn Y Wern mae masarnen fu'n yr haf
    yn ir oll ei philen;
  o'i hedrych ym mis Hydre'
  nid yw'n wyrdd, ond nid yw'n hen.

Ar Ben-blwydd Einir

Einir, 'does rhaid iti boeni am y seidr
    mis Hydref eleni
   oblegid fe deimli di
   'n eitha' braf wrth ei brofi.

Ar Ben-blwydd Einir

Yr wyt, wrth it fwrw ati i rifo'r
    hydrefau yng nghoetir
   mwyn Y Wern, yn hŷn mae'n wir
   ond hen nid ydwyt, Einir.

Cerddi Cred

Y Gair yn y Gwynt

Yr oedd y Gair yng nghraidd y gwynt, yn rym
    cyn rhwymo'r dechreuwynt;
  Gair oedd a'i gyrrai i'w hynt
  a Gair a bennai ei gerrynt.

A'r cerrynt oedd llwybr y Cariad a roed
    i droi am y cread
  yn gylchlwybr, llwybr y penllâd,
  yn gyforiog o fwriad.

Sef bwriad diymwad Duw i lunio
    y blaned unigryw
  hon yn oriel y rhelyw,
  yna ei rhoi i'r ddynol-ryw.

Y ddynolryw unigryw a wnaeth Ef,
    hefyd, yn ôl arfaeth
  y Gair, heb ei chadw'n gaeth
  iddi, nac i'w harglwyddiaeth.

Arglwyddiaeth bariaeth o'i bodd ddewisodd
    hi, a'i hysu a gafodd
  ganddi, eithr hyhi ni throdd;
  Gair ei Thad, fe'i gwrthododd.

Er gwrthod ei awdurdod Ef, y Gair
    a'i gwared o'i dioddef,
  er hyn oll, daw'r Gair o'r nef
  ddihalog ati'n ddolef.

Ei ddolef Ef, yr Un o Fair a anwyd,
  a honno'n cyniwair
yn wastad a dilestair
yn y gwynt sy'n dwyn y Gair.

Gwin y Gair
(Gŵyl Ddewi 1988)

Estyn yn awr wna'r distain holl ynni
  gwinllannoedd y Dwyrain,
ei ddiwel i gostrel gain
a'i roi in, Gymry truain.

Ail i afon ei lifo, ail ei liw
  i waed nad yw'n ceulo,
ail ei sawr hirfelys o
i Rosyn wedi ei dreisio.

Hen win yw ond mae'n newydd iawn ei flas,
  yn felysach beunydd
a chywirach oherwydd
ei roi i lifo mor rhydd.

O'i yfed cawn ail afael ar y wefr
  honno 'rydd, o'i chaffael,
ryw afiaith ar ein trafael,
a'n trydanu, Gymry gwael.

Gorthrwm ein bai a gwarthrudd ein nychdod,
  o'i ddrachtio, a dderfydd;
yn ei rym cawn rodio'n rhydd
ac eofn yn dragywydd.

Rhagfyr 1989

Yma
yn Y Wern
ym min hirnos y gaeaf
'roedd arnaf i ofn y tywyllwch
tu allan i'r gegin;
er i ffin ei ffenestr
a'i llen
fy ngwarchod yn llwyr
'roedd gwrando'r radio'n dwysáu fy mhryder.

Yna,
newidiodd y rhaglen
onid oedd, o ryw eglwys ddwyreiniol,
garol yn gyrru
gwefr ddiatreg drwy'r gegin,
ac yn y goeden,
tu draw i'r ffenestr
a'i llen gymen, gymwys,
rhedodd y trydan
i gynnau'r bylbiau bach
o un i un
mewn ennyd
nes i'r golau annwyl ysu'r gelynnen
honno yn oddaith gan obaith yr Ŵyl.

Rhagfyr 1990

Yma
yn Y Wern
ym min hirnos y gaeaf
lluniais y llynedd
gerdd yn adleisio drwy'r gwyll
garol y gwawrio
yn nhiroedd y Dwyrain,
cân yn datgan y dôi
goleuni i ymlid galanas y nos,
y nos a fu'n ddychryn im.

Eleni
ni allaf i lunio dim tebyg
oblegid
mae tabwrdd yn dadwrdd
yn daer yn y Dwyrain
alwad i'r gwyll anaele,
a dynion, o'i chlywed unwaith,
yn cythru ar ôl y sŵn cythreulig.

Eto,
wrth wylio'u hymateb
i fiwgl y Fall,
fe glywaf i
ubain baban.

Llanddewi

O'i chlochdy uchel echdoe
hudai sŵn cloch Rhedyw Sant
draed y saint ar hyd y Sul,
rhywrai a ddeuai i ddal
ar y cyfle i gysidro'u cyflwr
anufudd ac i ofyn
i Dduw am ei faddeuant,
yna'i foli Ef yn nihafal iaith
William Morgan a chanu
salm ac anthem ac emyn
ag afiaith eu heniaith annwyl,
ei morio hi yn y Gymraeg.

A Duw a dderbyniai eu diolch.

Heddiw, aliwn, nid iaith addoli,
yw'r Gymraeg yma rhagor.
Bellach ei chân a ballodd
er mor bersain y seiniwyd
Amen yr hen emynau.
Yr un modd ag y ciliodd Pantycelyn
ni ddeil hi'r ferch o Ddolwar Fach
i ddwysbigo hyd nes ysigo saint
yr hen achos yn y Dyffryn Uchaf.

Eto mae'r hesg a'r coed *tamariscos*
yn siffrwd-sibrwd eu salm,
ac ar awr osber mae'r *tero*
yn diystyru distawrwydd
y byd wrth ddweud ei bader.

A Duw ni thremyg y dweud.

Y Geni

Ar waetha' rhyfyg ein gwrthryfel, dod
  wnaeth y Duw goruchel
draw i'n daear yn dawel
ym min nos. Immanuel!

Seren Bethlem

O! Doed y seren â gwenau cariad
  i fwnceri'n hofnau
oni fydd claddogofâu
ein hil â'u nos yn olau.

Cyfeillach Crist

Ni ellir gwell cyfeillach i'w mwynhau,
  a chaem ni, ddynionach
y comin, ei chyfrinach
ped elem i Fethlem fach.

Gloria in Excelsis Deo
(Ffenestr Liw)

Ofer pryder oherwydd ar oerni'r
  hirnos tyrr y wawrddydd
yn oleuni ysblennydd
a chynnes drwy ffenestr ffydd.

Y Baban

Mynnwyd fy esgymuno i esgus
    o gysgod dan fondo
  beudy gwael mewn byd o'i go'
  ac 'rw' i'n dal i grio.

Uchelwydd

Y Geni dry'n baganaidd o gydio
    yn y Goeden luniaidd
  ei brig blanhigyn heb wraidd
  i swatio'n barasitaidd.

Clychau'r Nadolig

Ceriwbiaid uchel orielau y nef
    sy'n llyfu doluriau
  hyn o fyd â'u tafodau
  oni chânt eu llwyr iacháu.

Awn i Fethlem

O ddal i sylweddoli mor rasol,
    mor isel mawrhydi
  Aer y Nef, ymlwybrwn ni,
  ei ddeiliaid, i'w addoli.

Nadolig 1991

Heddiw'n chwil ar wib dros ddibyn â'n byd,
    ac o bwll anoddun
ni ddaw nes dyfod o ddyn
eto yn ddiniweityn.

Cyfarchion Nadolig

Er cynifer pryderon hyn o fyd
    na foed ich, gyfeillion,
ond cael yr Ŵyl annwyl hon
yn felys ddiofalon.

Joseff

Nid wyt mor hurt yr hurtyn oherwydd
    wrth bara' i dderbyn
Mair, ys cymar esgymun,
wyt gwcwallt dall Duw ei hun.

Y Nadolig

Heno derbyniodd llinach yr ysig
    forwynig gyfrinach
y Tragwyddol, a tholach
wna'r Duw Byw yn gariad bach.

Y Preseb

Ni chaiff y gorwych ffroenuchel a ddaw
    fawr ddim dan y rhesel;
  a ddaw yn wylaidd a wêl
  Oen Duw yn cysgu'n dawel.

Y Bugail

Ni ddychrynwn, ddechreunos, — y mae Un
    sy'n mynnu ymddangos
  a rhoi'i wawr ar hyd y rhos
  yn ernest yn ein hirnos.

Colomen Heddwch y Nadolig

Deil yr aderyn unig i 'hedeg
    uwch ein byd crynedig
  â deilen Gŵyl Nadolig
  y Duw Byw yn llond ei big.

Mair

Er y wefr o siglo'i grud yn annwyl
    mae eneiniad enbyd
  ar orchwyl gwyry a werchyd
  y Bachgen sy'n berchen byd.

Y Geni

Gryfed yw'r ymddigrifio diddiwedd
    hyd y ddaear isod
  a'r nef yn awr yn nyfod
  y Gwirion Bach gorau'n bod.

Gŵyl Nadolig

Gŵyl ddibryder y seren â'i gwawl hi'n
    goleuo'r ffurfafen
  i ni, Gŵyl annwyl, Gŵyl hen,
  Gŵyl ieuanc a Gŵyl lawen.

Noswyl Nadolig

Fe ddaeth i'n daear i aros heno
    holl oleuni'r cosmos
  o'i gychwyn, ac o achos
  hwnnw ni welwn ni'r nos.

Noswyl Nadolig

I ni, blant alltud a mudan y Cwymp
    mae cael Mab Darogan
  ein dyheu yn Iwdea'n
  dwyn ein cur yn destun cân.

Noswyl Nadolig

Heno arhoswn ennyd i edrych
    yn lle crwydro'n llychlyd,
  a chael mor ddifrycheulyd
  yw'r seren uwchben y byd.

Noswyl Nadolig

Fe all nad yw e'n callio oherwydd
    i seren ddisgleirio
  ond o'i gweld mae byd o'i go'
  'n dal ei anadl e' heno.

Immanuel

Mor anodd fu im roi anwes i'r Iôr
    ond ar fraich rhyw lodes
  wan, ddilychwin, ddiloches,
  y dwthwn hwn daeth yn nes.

Immanuel

Yn ein nos, pan ddaw Duw nef yma i'r byd
    mor bell o'i wir gartref
  o'i wirfodd i ddioddef
  ein tlodi ni, dyn yw Ef.

Dechrau Blwyddyn

O gael y drws gweled yr wy' yno
    genau'r llew rhuadwy
  yn rhythu dros fy nhrothwy;
  os yw'n fach mae'i flys yn fwy.

Y Sioe

Deallwch, er mai dillyn o'i edrych
    yw 'nodrefn bob dernyn,
  y bu raid i saer Pen Bryn
  drafod ceudod y coedyn.

Y Dyn Modern

Hedodd yn uwch na'r Duwdod a'i amau,
    a phlymio i'r gwaelod
  isaf un hyd nes ei fod
  ef ei hun yn ofynnod.

Mynd

Ein gyrru am y gorau yn y ras
    wna hen reddf yr oesau;
  eto hon sy'n caniatáu
  in, lemingiaid, lam angau.

Afon

Mae afon ddofn y bu'i hofn hi arnaf
    yn fwrn er fy ngeni;
  heddiw 'rwyf wrth ddod iddi
  'n ofni'i lled yn fwy na'i lli.

Cain

Yn nhir Nod i'r dwyrain o Eden 'rwyf
    dan yr un dynghedfen
  yn parhau, ond mae un Pren
  yma ac un Golomen.

Tu Faes i Fur y Dre'

O gyrchu tomen neilltuol cawn hel
    cynhaliaeth dragwyddol
  Duw Nêr wrth gerdded yn ôl
  Ei afradwch cyfreidiol.

Gwastraff

Er eu mawr siom, er ffromi o'r saint, gellais,
    wrth gyfrgolli cymaint
  nard o werth, waredu haint
  yr hunan yn yr ennaint.

Paid ag Edrych . . .

Llawen wyt pan sylli'n hir ar y gwin
    gwawr goch, ond y caswir
   anaele yw na weli'r
   bore glas yn sobr o glir.

Cennin Pedr
(Cyn y Pasg)

Dacw hi'r gatrawd cariad â'i hutgyrn
    yn datgan yn llygad
   y Diawl ei hun fod i wlad
   ac i fyd atgyfodiad.

Llaw

Gŵyr y brawd sy'n plygu gerbron ei Dduw
    na ddaw iddo roddion
   o werth o gwbl wrth gau hon,
   ond o'i hagor daw digon.

Ewin

Caf bwyntio'n ymfodlonus at eraill
    a'u taro'n ddirmygus;
   y mae hon ar flaen fy mys
   yn fforchio yn dra pharchus.

Y Cyfeilydd

Yr Un a fu'n ysgrifennu y gân
    fawr gain fu'n cyfannu
  Ei orchest drwy gynhyrchu
  islais i'r hyfrydlais fry.

Pantycelyn

Ein rhwymo a wna'r emyn yn ei we;
    o hyd mae'r edefyn
  fel y'i ceir o fol corryn
  dyfal yn ein dal ni'n dynn.

Cwys

Dro 'rôl tro, mewn theatr wir, drama'r cadw
    drwy'r môr coch chwaraeir
  ger ein bron, a'n heiddo ni'r
  bywydau a arbedir.

Yn yr Ardd

A bu
yn y bore bach,
â'r ardd yn wefr o wyn
gan drymwlith y fendith fawr
a'i dail oll fel diliau ir
yn diferu difyrrwch
a'r awelon yn caroli
Te Deum ieuenctid y dydd,
imi gymryd hoe dan goeden
oleuwen a chlywed
yno, â'i isel lais
yn goglais ais
aethnen fy noethni
ryw hen
bry
bras.

Y Genhadaeth Gartref

Tosturi'r goleuni glân dyro Di
    drwy Dy air yn fuan
    nes ysu Cymru druan
    onid yw yn gynnau dân.

Pulpud

O hyd i fôr edifeirwch y down
    yn dorf drwy'r anialwch
    oherwydd ein heiddgarwch
    am Lanc hardd ym mlaen y cwch.

Eglwys Minny Street, Caerdydd, ym 1985

Â'i hamod yn ddiomedd iddo Fe
    ca'dd fyw am gan mlynedd
  yn llawn gwaith, yn llon ei gwedd
  a'i hanian, yn ei hannedd.

Yn ei hannedd ca'dd weini ar Iesu
    â'r drws a'r ffenestri
  yn agor i fynegi
  ei dig'wilydd awydd hi,

ei hawydd hi i ufuddhau i'w Gŵr
    fu gynt gyda'i freichiau
  yn gwneuthur uwch y muriau
  nenbren o'r Pren sy'n parhau.

A pharhau gyda'i Phriod anwylaf
    mewn cwlwm annatod
  y bydd oblegid ei bod
  yn mwynhau rhwymau'r amod.

Cyffro

Yng ngorchest eu fforestydd y mae'r coed
    mawr caeth oll yn llonydd,
  eithr ymyrraeth â'r morwydd
  yn dawel wna'r awel rydd.

Criw'r Belgrano

Myn Duw! Nid dyma'n diwedd, — er ein rhoi
    yn yr arch i orwedd
  i lawr, bois, rhy gul yw'r bedd
  i'w rannu â'r gwirionedd.

Gwastraff

Rhedwn y generadur ac iro
    pob gêr yn ddidostur,
  yna deil y llafnau dur
  i dorri popi papur.

Gwastraff

Mae'r ifainc mawr eu hafiaith aeth Gatraeth
    un tro yn llawn gobaith?
  Meirwon ŷnt ac mae'r un waith
  yn drychineb drichanwaith.

Coflech Hedd Wyn yn Fflandrys

Clywir o hyd gacl a rheg y gynnau
　　a gynnig ychwaneg
　　o fawl i'r Diawl er mor deg
　　yw'r geiriau ar y garreg.

Côr Cydwladol Ieuenctid dros Heddwch

Gyfeillion, rhoddwn lonydd i'n harfau
　　a ffurfio 'da'n gilydd
　　gôr all hudo'r holl wledydd
　　o afel rhyfel yn rhydd.

Y Dieithryn

O gydgerdded tyred di i Emaus
　　can's mae haul dy gwmni
　　'n anhraethol well na'n dellni,
　　— aros y nos gyda ni.

Ton

Yn noeth a llwm ar draeth lle dygyfor
    tonnau môr ymwared
  angau'r Oen, ar fwrdd fy nghred
  af i'r nef ar y nawfed.

Lleidr

Yn glyfar iawn, ar Galfari, Adyn
    a roed yno i'w grogi
  ym mawredd Ei gamwri
  a fu'n dwyn fy enaid i.

Rhieingerdd

Diystyr gwewyr gaea' hyn o fyd;
    er ei fod yn para
  'n oer o hyd mae gwres yr ha'
  i'w gael ym mreichiau Gwalia.

Mae'n weddol hen ond mae'n ddel o hyd, — mam
    a merch yw yr unpryd;
  diogel yw ei harffed glyd,
  ifanc gynhyrfus hefyd.

Hen nain a mam yw hon i mi, — a gwraig
    a rydd o'i haelioni:
  annwyl yn ei phenwynni
  ond hardd yn ei hienctid hi.

A wêl laned yw ei chluniau, a wêl
    anwyled ei bronnau,
  a wêl hefyd ei chlwyfau
  yn fyrdd wedi'i haml gurfâu.

Clywir yn nhinc alawon ei hoywlais
    bruddfelys acenion,
  ond tu hwnt i dafod hon
  yw astrus fiwsig estron.

I feithrin pob cyfathrach y mae'r iaith
    Gymraeg ganddi'n rheitiach:
  honno â'i hoen a'i ceidw'n iach,
  gwefr honno yw'r gyfrinach.

Afon Taf

Afon â'i halaw'n llifo, afon bur,
    afon bert yn pyncio
  'n bêr ei hiaith ar hyd ein bro
  fu hon nes ei difwyno.

Hydreiddiodd y budreddi yn ddüwch
    anaddawol drwyddi;
  gan chwerwedd llygredd ei lli,
  difwrlwm ei diferli.

Â hithau yn llifo'n llonydd, lluniau
    hen ben-llanw ei chynnydd
  yn stribedi siabi sydd
  yn glynu hyd ei glennydd.

Dreng afon, un fudr anghyfiaith yw Taf;
    eto hyn yw'n gobaith, —
  y daw, â'i halaw eilwaith
  yn y tir, yn bert ei hiaith,
a pharabl hoff y werin i'w glywed
    yn gloywi'i chynefin
  am mai'i hiaith sydd ar ei min
  yn iach wyrthiol yn chwerthin.

Saga Emrys

(a'i gais dros Gymru)

Yn ddi-os, â hithau'n ddu,
Emrys yw gobaith Cymru.
Draw ar yr asgell bella'
disgwyl yr annisgwyl wna.

A dyma, dyma fe'n dod!
Y maswr o'r sgrym osod
gaiff y bêl. Gwêl y gelyn
yn rhuthro dod fel un dyn
i'w erbyn a rhydd hirbas
hynod bert, ac nid â'i bas
i'w golli gan 'rasgellwr
dawnus Emrys; mae'n bas siŵr
ag Emrys yn ei gymryd
yn ei gôl! Ac eto i gyd
o gwmpas deg crymffast cry'
ar ei ôl sy'n sgrialu,
pump o'i flaen yn blaen, heb le
i Emrys 'nelu'i gamre.
Ond, rywsut, mae'n eu drysu
ac fel corwynt trwyddynt try,
twyllo'n bert (ei well ni bu
'n chwarae gêm ochorgamu),
yna mynd, mynd fel y mellt
yrr ogleiswefr drwy'r glaswellt,
a gyrru tua gorwel
y llinell bell gyda'r bêl
yn ei gesail, a'i gosod
yn y fan lle mae i fod!

Yna cwyd, wrth weld y cais,
un fawrgref fonllef unllais
ma's o'r dorf: 'Ar amser du
Emrys achubws Gymru!'

> Ond gan taw preifat yw'r fatel, y da,
> y dorf ar y borfel,
> sy'n osgoi y boi â'r bêl
> a diwyd gnoi yn dawel.

Doli
(Yn angladd Dorothy Pentreath ym 1777)

Daw Doli fach wedi'i hoedl faith i'w chadw
    gyda'i chof mor berffaith
  â ffrwd iach ei phriod iaith;
  anghofus yw'r anghyfiaith.

Plant y Ddawns Flodau
(Yng Nghwm Rhymni)

Rywsut ni welwn ni reswm am hir
    ymaros o'r hirlwm;
  yn hytrach brodiwn batrwm
  lliw hud ar y gweundir llwm.

Egin

Os daeth rhyw Sais a cheisio ei orau
    ni phery'i darmacio
  ef ar y dreif fawr o dro;
  mae'r Gymraeg am ei rwygo.

Y Gymraeg

Ofer iawn ydwyf i, yr iaith, — hwra
    yn wir yw 'mhleserwaith;
  dof i'r oed mewn siaced fraith,
  un hudol ei gwniadwaith.

Pentref Nant Gwrtheyrn

Wele, mae'r un a fu'n aliwn yn neidio
    a dawnsio drwy'r dwnsiwn
  yn hurt wrth ganfod ffortiwn
  y Gymraeg ym muriau hwn.

Y Gynghanedd

Ar waith, drwy'r blynyddoedd meithion, rhoes hi
    res hir o grythorion
  ond, er ei hoed, ni fedr hon,
  ddawnsreg deg, â chael digon.

Y Gynghanedd

Yn wastad yn fy nghlustiau, yn hawlio
    fy nghalon â'i mydrau
a ffiwg firain ei seiniau,
eneth hoff, dy gân ni thau.

Y Gynghanedd

Gyda fi fe gei di fywyd astrus;
    hen feistres gysetlyd
ydwy', fardd, ond, gwyn dy fyd,
yr wyf yn wyry' hefyd.

Beirdd y Talwrn

Er direidi, yr adar radio hyn,
    o'u sbarduno'n seingar
â hengamp ddiymhongar,
ddaw i frwydro bob yn bâr.

Cyrn Cyfieithu'r Eisteddfod

A digwydd bod dysgedigion yma
    yn cymwys drosglwyddo'n
hiaith, a yw athrylith hon
ar gael 'o'r glust i'r galon'?

'Y Bwthyn Bach'

I ddysgu perchentyaeth chwi wyddoch
   na cha'dd y frenhiniaeth
   anrheg well gan Gymru gaeth
   na deliach proffwydoliaeth.

Stamp

Mae hwn yn llawn cymwynas, — o'i herwydd
   caf boeri i bwrpas;
   heblaw hyn yr wy'n cael blas
   yn dyrnu pen y deyrnas.

Cwlwm

Er y gamp a'r wefr o'i gau, er y sêl,
   mae parselu'r Pethau
   yn anos â llinynnau
   'rhen fro mor wirion o frau.

Sycharth

Â heddiw'n amser addas i roddi
    rhyddid i bob caethwas
  gydgerdded gydag urddas
  yr unig le yw'r 'bryn glas'.

Sycharth

Rhannem yr hwyl ddechreunos ag Owain
    y sgwier ac aros
  wna syched dwys o achos
  ei win ef ar hyd y nos.

Cerddi Cyfarch

Diolch i Gwilym Griffith

Rhoddwyd i sawl amryddawn
lawfeddyg ddiddiffyg ddawn
i allu agennu gwynnoeth
gnawd ystlys yn ddestlus ddoeth,
endorri'n ddistaw araf
i gael hyd i drwbl ei glaf.
Diogel iawn y dyd ei glên
ufuddlafn drwy'r berfeddlen,
yna bodio'r llabedau
ar ei hynt i gôl yr iau,
cydio'n y llidiog goden,
yna llwnc y ddwythell wen,
a thrin a thorri honno
ar draws ac ar fyr o dro
ei phwytho'n gwbl effeithiol.
Yn y man 'fydd dim o ôl
ei waith, yr un graith na gwrym
ar gael.
        Y Bonwr Gwilym
Gruffudd o Gasnewydd wnaeth
ar Einir y fath driniaeth
â'i offer i'w hadfer hi
ar unwaith o'i thrueni,
rhoi yn ôl iddi'r hen hoen
wedi'i harbed o'i dirboen,
ei rhoi'n ôl i'w gŵr yn well,
yn holliach wedi'r gyllell.

45

Yntau, ei gŵr, y deintydd
hygar a doeth o Gaerdydd,
a gân i'r meddyg annwyl
o Gasnewydd gywydd gŵyl
fel hyn am ei ofal o
a'i weddus gynnig iddo.

Y Parchedig Ddr Geraint Tudur

(Yn ymadael ag Ebeneser, Caerdydd)

Efo gorau ei fagwraeth a'i ddawn
    a'i ddysg yng ngwasanaeth
  ei ffydd, i Gaerdydd y daeth
  yn ŵyl er ein cynhaliaeth.

Gan gysegru ei alluoedd a rhodio
    ar hyd y blynyddoedd
  yn gywir ddiargyhoedd
  ei gam, ein gweinidog oedd.

Gweinidog i eneidiau anghenus
    yng nghanol blinderau
  y bu ef, gan eu bywhau
  yn ôl, yn llawn eu hwyliau.

Yn eu hangen, ag ennaint ei gariad
    a'i drugaredd gymaint,
  herio a chysuro'r saint
  wnâi'r Gair yng ngenau Geraint.

Mynnu 'roedd ei gyhoeddi yn gyfan
    ac wrth gofio'r gweiddi
  Hosanna'n dangos inni
  glwyfau'r Oen ar Galfari.

Dywedai am Fab y Duwdod, y Gŵr
    hwnnw ga'dd ei wrthod,
  fore'r trydydd dydd yn dod
  o'i wirfodd i'n cyfarfod.

Dygodd i'w weinidogaeth gyfoethog
   y fath rwymedigaeth
  gan neidio i'w genhadaeth
  yn ŵr llawn o'r gwin a'r llaeth.

Llaeth y Gair oedd llithiau Geraint bob un,
   a'u balm yn gwneud cymaint
  i ddifa'n dioddefaint
  â'i bŵer Ef; mawr fu'n braint.

Ffarwél Criw'r *Dinesydd*
i Merêd a Phyllis

Bu i rywun a'i briod a ddenwyd
    i'r Brifddinas ganfod
   ei bai hi a gweled bod
   rhyw wacter i'w Chymreictod,
a rhaid oedd i Meredydd a'i Phyllis
    hoff hel at ei gilydd
   griw dewr o Ddinas Caerdydd
   i osod *Y Dinesydd*
ar ei draed, ac ar fyr o dro yr oedd
    pob Cymraes a Chymro
   'n y ddinas yn eidduno
   hir barhad i'r papur bro
cyntaf un, pob rhifyn heb bris yn 'byd,
    heb wall o gael dewis
   i'w baratoi egsbyrtîs
   di-ffael Merêd a Phyllis,
y cyn-Americanes hudolus
    a del a ymroddes
   mor llwyr i Gymru a'i lles
   a'i mynnu at ei mynwes,
ond bellach, â'r gyfeillach fawr ar ben
    a'r bennod lafurfawr,
   anorfod yw'r ofn dirfawr
   y bydd *Y Dinesydd* 'nawr
â'i ffyniant yn y fantol oherwydd
    bydd hiraeth affwysol
   ar y rhai sy'n para ar ôl
   am y ddau sy'n ymddeol.

Eigra Lewis Roberts

Estyniad o Ffestiniog yw'r Gymru
   a gym'raist ti'n hwyliog
  ar ei hynt; ni cha'dd un fro
  gyfarwydd mor gyforiog.

Eigra Lewis Roberts

Dawn i olrhain hoen dynolryw a'i hing
   a dangos y cyfryw
  geir yn Eigra, unigryw
  gyfarwydd enbydrwydd byw.

Eigra Lewis Roberts

Mae hen ofid ym min afon amser
   sy'n damsang yn greulon
  o ddi-hid ar freuddwydion
  y llu sy'n syllu i hon.

W. H. Davies

Trallod yr hobo diobaith ydoedd
   cerddediad amherffaith
    dyn yng ngefyn anghyfiaith,
    yn gloff gan ei fagl o iaith.

Hwyl Ifor Owen

I fawrhau Ifor Owen amryddawn
   ymroddwn yn llawen;
    â'i holl waith gwnaeth ardd ein llên
    yn reiat o orawen.

Cyfarch Meic Stephens
(Gŵyl Ddewi 1986)

O weld mor llawn y grawnwin, winllanwr
    ein llên, buost ddiflin
    iawn er rhoi dau fath ar win
    yn hwylus wrth benelin.

Cyfarch Gwynn ap Gwilym
(Ym Mhrifwyl 1986)

Er taro gro Dyfi'n gryg o'i rynnu
    gan ferwinwynt haerllug
    diwedd p'nawn, dy ddawn a ddug
    alaw o frigau'r helyg.

Cyfarch Ieuan Wyn
(Ym Mhrifwyl 1987)

Oedi a threio'n sydyn y mae'r iaith
    fel môr oer ar dywyn;
    da iawn yw fod Ieuan Wyn
    yn gry' ar frig yr ewyn.

Cofio T. H. Parry-Williams
(Ym Mhrifwyl 1987)

Ofnwn, pan fynychwn ni'n Huchel Ŵyl,
    na chlywn, uwch y moelni
    garw ei wedd, frenhinol gri
    yr eryr yn Eryri.

Gerallt Lloyd Owen

Mae'n straen yn stiwdio'r heniaith oherwydd,
   yn yr hwyr anghyfiaith,
 ni wêl neb lun o obaith,
 ond mae'r artist trist ar waith.

Alan Llwyd

Ar wŷdd annwyl ein barddoniaeth yn gwau,
   â gaeaf ein hiraeth
 ni mor hir, yn wir fe wnaeth
 un wennol gryn wahaniaeth.

R. S. Thomas

Er mor aflan ei alanas erioed,
   er mor groch yw'r Anras,
 ni lwyddodd eto i luddias
 cri Morfran ar greiglan gras.

D. Gwyn Evans

Cana'r adar o bob rhyw arïau
   sy'n cyffroi dynolryw;
 er hwyl y cân y rhelyw
 ond o raid y cân y dryw.

Dic Jones
(Wrth gyhoeddi Sgubo'r Storws*)*

O hyd yn ddiwyd yn ddiamheuaeth
    mae Awen sydd wrthi
  'n para'n lân eto 'leni
  'nghanol dwst dy storws di.

Emrys Roberts
(Wrth gyhoeddi Rhaffau*)*

Emrys, llwyddaist i'n cymryd â rhaffau'r
    proffwyd dros hollt enbyd
  yn y glog i'n dwyn yn glyd
  o wyddor i gelfyddyd.

Huw Geraint y Fet

Y gŵr hysbys yn ei grysbais yw'r un
    fu'n fy nhrin yn gwrtais,
  a'i lafn, mor dyner â'i lais,
  yn y clwy', prin y'i clywais.

Syr Cennydd Traherne
(Morgannwg 1952-1985)

Ar hyd Morgannwg dridarn, oet, Raglaw
    Coedrhiglan, yn gadarn
  dy ddeddf feddf, oet ddoeth dy farn,
  oet ŵr reiol, Trahaearn.

Gwynfor Evans

O orfod ar ein crwydr hirfaith ni welwn
    ond anialwch diffaith;
    gwêl yntau flinderau'r daith
    o Ben Nebo, yn obaith.

Y Parchedig Ddoethur Geraint Tudur

Hel a thrafod gwybodaeth wna 'sgolor
    ac yn sgîl ymdriniaeth
    Geraint Tudur doethuriaeth
    yn hollol haeddiannol ddaeth.

Llond gwlad o longyfarchiadau a roir
    i'r un, gyda'i ffeithiau
    cywir oll, a fu'n sicrhau
    Howell Harris rhwng cloriau.

Y Parchedig J. Cyril Bowen
(Gweinidog am 40 mlynedd)

Anrhegwn â'n gwrogaeth ymlyniad
    deugain mlynedd helaeth,
    gyda'r gŵr o'i gadair gaeth
    yn dal at ei dystiolaeth.

Y Parchedig J. Cyril Bowen
(Gweinidog am 50 mlynedd)

Heb gwynfan gan mor anodd ei hanner
    can mlynedd, derbyniodd
    nerth ei Feistr ac, wrth ei fodd
    yn y gwaith, fe'i pregethodd.

Y Parchedig David Williams
(Gweinidog am 60 mlynedd)

Yn naw deg oed gweinidog yw o hyd,
    gweinidog diledryw,
    gwylaidd iawn i'r Arglwydd Dduw,
    gweinidog i Hwn ydyw.

Mrs Sera Jane Morgan
(Ar ei 90fed Pen-blwydd)

Â hi'n gweld a dilyn y gwir erioed,
    i rodio'r ail filltir
    ymroes drwy ei heinioes hir
    o ymostwng i'w Meistir.

Trysorydd Cymdeithas Ariannin
(Wrth ymddeol)

Rhaid yw troi a rhoi ffarwél araf iawn
    i'r ferch ar y gorwel
    na fu un a'i carodd fel
    y gŵr ifanc, Tom Gravelle.

I Groesawu Wyres

Yn weddaidd, ddechrau'r flwyddyn, â'n daear
    ar ei duaf cyndyn,
    agoraist yn flaguryn
    eiliw yr haul, Lowri Wynn.

Lowri Wynn, wyt rosyn yr haf, ernes
        na chaiff oerni'r gaeaf
    hwn barhau, y daw hin braf
    er i'r heth dreio'i heithaf.

Eithaf y gaeaf fu'n giaidd, er hyn
        Lowri Wynn, mor llariaidd
    annwyl wyt, ti ddofi'r blaidd
    yn rhwydd â gwên mor weddaidd.

Cydymdeimlad

Gan fod araith faith mor seithug, gyfaill
        mewn gofid, na thremyg
    roi hon yn gyfalaw gryg
    i'r alaw yn yr helyg.

Priodas Arian Gwilym ac Elan

Gŵr hawddgar yw'r gof arian, a gŵr hoff
        o'i grefft wrth ei engan
    annwyl ef yn gweithio'n lân
    gwlwm Gwilym ac Elan.

Priodas Arian Gwerfyl ac Emlyn

Yno daeth holl fendithion a gwenau'r
    gwanwyn, ond yr awron
  yn eu lle daw gwenau llon
  yr haf i Lan yr Afon.

Priodas Arian Ieuan ac Anwylyd

Er pob llwyth mae'r un esmwythyd yn iau
    Ieuan ac Anwylyd
  heddiw, a'r un dedwyddyd
  yn Y Gaer Wen 'geir o hyd.

Priodas Arian Owen a Manon

Â'r byd i gyd yn gwrando'i gân, cymer
    yr alcemydd diddan
  at ei waith o drin y tân
  a dry'n aur y darn arian.

Priodas Berl Owen a Manon

Ni lwyddodd amser i luddias y tân
    sy'n tynnu o'i gwmpas
  bob dydd, o'i herwydd mae ias
  y mererid mor eirias.

I Megan Wynn Jones
(Ar ei Phen-blwydd)

Mae'n naturiol in ffoli ar y wraig
    bedwar ugain heini;
   Megan wnaeth ein magu ni
   a deil i'n hysbrydoli.

I Manon
(Ar ei Phen-blwydd)

Adar llon sy'n dod i'r llwyn gan daro'r
    genadwri addfwyn;
   hen erioed fu dawns yr ŵyn,
   trigeinoed yntau'r gwanwyn.

I Lenna
(Ar ei Phen-blwydd)

Pryf amser fu'n gwag-symera ar hyd
    blodau'r ardd, ond para
   yn ddel iawn, heddiw, Lenna
   mae dy lun, rosyn yr ha'.

I Nia
(Ar ei Phen-blwydd)

Yn benrhydd fel blodau'r gwyddfid, agor
    wna blagur ieuenctid
   yn yr haul gan golli'u gwrid
   ond Nia nid yw'n newid.

Croeso i Owain Rhys

Owain Rhys, 'rwyt yn drysor dy hunan
    ond ynot mae rhagor
na dawn, mae gennyt yn stôr
holl anian bardd a llenor.

Y Parchedig Ddr W. T. Owen
(Gweinidog am 50 mlynedd)

Dilyn y Saer wnest o Lôn Swan i hen
    brifddinas y Saeson
ac ar hyd dy yrfa gron
Ei gael wrth fodd dy galon.

Canmol Ei enw, canmol Ei waith, — hynny
    a fu'n llanw dy ddyddgwaith,
lleueru dy holl araith;
'gwneud a dweud' ar hyd y daith.

Yr Ynys Wen
(Meirion Lewis, Priathro'r ysgol, yn ymddeol)

Lle ddoe bu lli o ddüwch, o'i herwydd
    ef, Meirion, â'i ddycnwch,
yno heddiw canfyddwch
Afon Rhondda'n lân ddi-lwch.

Shân Emlyn

Yn ei halaw y mae golud y fwyn,
    ni fedr troeon bywyd
   wthio eu hanesmwythyd
   i gân Shân na drysu'i hud.

I Ddau a Ddyweddïo

Gardd i'w thrin heb ynddi flino o gwbl,
    a gardd yn blodeuo
   'n bersawrus felys a fo
   i ddau a ddyweddïo.

Cerddi Coffa

Roy Stephens

Yn ddistaw i'r berllan lawen a roes
    inni ffrwyth ei awen
    rydd daeth sadydd ffals ei wên
    i fwyellu'r afallen,
yr afallen gref holliach â holl hoen
    afallennau'i llinach
    yn dirf yn ei chnydio iach,
    afallen y gyfeillach
fu dani hi'n trafod ein hiaith a'n llên,
    holl hanes eu hymdaith
    anorffen, a thwf perffaith
    ei brigau hi'n hybu'r gwaith,
yn arllwys hyd y berllan afalau
    eurfelyn i'r egwan
    ei gerdd gael pereiddio'i gân
    ar led drwy'r ddaear lydan.

O'i thorri hi dieithr yw hyn o le,
    a pherllan lom ydyw
    hon o fynd 'rafallen fyw
    allai adfer y lledfyw.

Yr Odliadur

Yr wyf yn dal i brofi yr un wefr
    yn awr wrth farddoni
    â Roy'n parhau i weini
    gwin wrth fy mhenelin i.

Er Cof: Bernard Evans

I Gaerdydd o Garwe daeth un union,
    annwyl ei frwdaniaeth
  a'i awen oll, a phan aeth
  anhuddwyd ein llenyddiaeth.

Er Cof: Gwenlyn Parry

Drysu a wnaeth y drysor, a thywyll
    fydd y theatr rhagor
  gyda hyn o gau ei dôr.
  Nage, mae'r llenni'n agor!

Er Cof: Ennis Evans
(Ar Faes Prifwyl y Rhyl 1985)

Rywsut y mae'n ymdrwsio'n ir o hyd
    â'r Ffynnon Groyw honno
  'n parhau i ddyfrhau y fro,
  ond Ennis nid yw yno.

Er Cof: Rhydderch Jones

O orfod, o weld terfyn rhy swta
    ar y set i'w dderbyn,
  yn ei siom mae'r teulu syn
  yn llygadu'r llygedyn.

Er Cof: Arwel Hughes

Am i Arwel ymyrraeth â'r môr mawr
    a mud â'i ddewiniaeth
  y rhyddheir ei gerddoriaeth
  dro 'rôl tro ar lawer traeth.

Er Cof: Tydfor

Fe droes yr Hen Grymffast castiog am gwm
    y gân gyda matog
  aruthr ddur a thrawodd o
  Gwm Tydu'n gwm tawedog.

Er Cof: Y Parchedig Gerallt Jones

Mor deg yw cymryd egwyl i orffwys
    wedi gorffen gorchwyl;
  ar fôr o wydr 'rwyf, yr hwyl
  yn iawn a'r cwmni'n annwyl.

Er Cof: William Davies

Yn weddus fel hen fynyddoedd Maldwyn
    y'i moldiwyd nes pioedd
  eu rhin, ac fel dyffrynnoedd
  addfwyn Maldwyn addfwyn oedd.

Er Cof: Edgar Wynn Jones

Mor addas ei ymarweddiad, mor ffel,
    mor ffeind ei gymeriad,
  yr oedd Edgar yn gariad
  o ŵr, ac yn dŵr o dad.

Er Cof: Brinli

Yn hyfedr mewn llys anghyfiaith a garw
    plediodd gŵr y gyfraith
  dros roi hen drysorau'i hiaith
  i'w Forgannwg furgyniaith.

Er Cof: Emrys Jarman

Y cain a'r prydferth a berthyn i'n gwlad
    a goludoedd dillyn
  ei hiaith hi, y pethau hyn
  a hoffodd a'u hamddiffyn.

Yn hwyliog wrth fygylu, efo'i holl
    gyfeillion o'i ddeutu
  yn y bwlch, mor ddygn y bu
  Emrys yn gwarchod Cymru.

Er Cof: Aneirin Lewis

Trwy'i fywyd diwyd tawel ei aelwyd
    a wyliodd, a'i gapel,
  yn bwyllog a diogel
  a rhoi'i ddysg i'r rhai a ddêl.

Er Cof: David Lloyd

Y goreuon a grewyd yno 'rioed,
    er hyn fe syfrdanwyd
  y nef hithau pan fathwyd
  arian llais y deryn llwyd.

Coffáu'r Rhai Bach

Y lle buoch chwi'n egino, wele'r
    bwystfilod fu'n turio;
  yn awr cewch, yn llyfr y co',
  le i dawel flodeuo.

Cerddi Cyffredinol

Amser

O'i tharddell bell cyn ein bod ni, afon
    henifanc ei hanfod
   ydyw hi, a'i mynd a'i dod
   yn ei hunfan i'w canfod.

Yn oer ac eto'n berwi, a'i bwrlwm
    yn barlys, a'i basli
   yn ddwfn oll, addfwyn yw hi
   a chwyrn wrth edrych arni.

Yn gyrru, eto'n gorwedd, yn rymus
    yn rhwymau'i heiddiledd,
   yn llawn gwae yn llon ei gwedd,
   a phwyllog ei gorffwylledd.

Tu draw i'w haber disberod erys
    tonnau'r môr diymod
   â'u dwndwr yn fudandod
   ar lan bell ar ôl ein bod.

Bryniau

Y gwastadeddau i geisio dedwyddyd
'gyrchais a chefais hwy'n brafiach hefyd
ond, er fy holl ymorol am olud
eurfaes, methais â phrofi esmwythyd
o'i estyn, dim ond tristyd o gofio
na ŵyr fy meibion am fur fy mebyd.

Ym Mlaenau'r Rhondda Fawr

Ni ddaw Twm Hywel Llywelyn heibio
    â'i driban a'i englyn;
  daearwyd yr aderyn
  luniai gerdd yng nghoed Clun Gwyn.

Mae sibrwd taw ger Cwm Seibran, ar Waun
    Pwll Brwyn, ga's y truan
  ei ddiwedd, na fedd o'r fan
  ewyllys i ddod allan
oherwydd i rai durio i'r llennyrch
    perllannog a'u cuddio
  dan domennydd wrth suddo
  yn y Glyn eu pyllau glo.

Yn wancus trowyd encil y werin
    yn fan chwarae epil
  anwar bostfawr y Bwystfil,
  Afon Rhondda'n chwydfa'r chwil.

Â ffanffer o hwteri anweddus
    cyhoeddodd y meistri
  newyddion, ym mudreddi'u
  hysgarthiad, barhad eu bri.

        Ond dros dro fu eu trwst er hyn; yn ust
           y gosteg a'i dilyn
          rhaid aros i'r aderyn
          luniai gerdd yng nghoed Clun Gwyn
        hudo'r haul i dir Tŷ Draw i wenu,
           a'r tribanwr distaw
          hwnnw i eilio'r hen alaw
          yn Nhŷ Newydd ddydd a ddaw.

Adduned

Ionor yr edling a ddaw yn brydlon
i'w deyrnas welwlas, a'i ddeiliaid swilion
o goed a ddwg o deyrngedau ddigon
i'w brenin, llond eu dwylo crinion,
gwachul o fwclis cochion, nes delo'r
Gwylliaid Chwefror a rhwygo'r anrhegion.

Dyn Canol Oed

Eryr yw na chenfydd fry
uwch entrychion i'w trechu
ac yntau ar frig anterth
ei fwynhad yn profi'i nerth,
a thry gan hynny a 'hed
yn braf araf i waered.

Yr Ugeinfed Ganrif

Hen wraig yn llawn o ddrygiau, yn ysig
dan bwys ei blynyddau
a'i chawdel o bechodau
'n rhy hurt i edifarhau.

Waled

Llawenydd a fu ei llenwi ag arian
ond gwir sylweddoli
bellach wnaf na feddaf i
ond walediad o dlodi.

Cylch Cinio Caerdydd
1951-1991

A gawn ni, wrth in giniawa, gofio
    am a gafwyd yma,
  am win, am iaith o'r mwyna',
  a thorth, a chwmnïaeth dda,
cwmnïaeth helaeth ei hwyl, cyfeillach
    cyfeillion ar egwyl,
  aduniad ffrindiau annwyl
  gaed o'u gwaith i gadw gŵyl.

Gŵyl fisol, adfywiol fu hi erioed,
    ac yn frwd iawn drosti
  dathlu'n llawen eleni
  ei deugain oed a gawn ni.

Cylch Llyfryddol Caerdydd

Ambell dro rhown y gorau i'n gerddi
    i gwrddyd â ffrindiau
  sy'n trin a thrafod blodau
  o hen ardd a'u gwir fwynhau.

Ysgol Glan Taf

Anorthrech fu afiechyd Afon Taf
    ond daeth hen ddihewyd
  i lanw hon o'r Blaenau hyd
  y Bae â bwrlwm bywyd.

Pibonwy

Ar y sil llwyfennir sioe'r hen wyddon
    sydd yn naddu glafoer,
    sy'n creu rhes berlau o boer,
    grisial o ddagrau iasoer.

Tabled

Dod i ben yw fy niben i; eisoes
    mi ge's fy rhagnodi
    i wneud hyn fel y cait ti
    adfywhad o'm difodi.

Cribin

Y mae synnwyr i drylwyredd barus
    ei bori, ond rhyfedd
    iawn yw gweld mor fain yw gwedd
    un â'i ddawn yn ei ddannedd.

Pedol

Ŵr yr efail, fe ysbeili rywsut
    y rhosydd o'u ffresni
    a'u penrhyddid pan roddi
    ar fy ngharn ei haearn hi.

Cyfrifiadur

Nid chwarae gyda graean na chwarae
    â cherrig mae'r bychan;
   ar ôl eu hel hwy ar lan
   y môr mae'n cofio'r cyfan.

Croeso

Gyfaill, fy nrysau, os deui, a geir
    yn agored iti
   i aros os dewisi
   gan nad eiddof eiddof i.

Croeso'r Wern

Cael Y Wern yn oleuni clyd a sicr
    wna'r sawl sy'n cyrhaeddyd
   a chael, pan fo'n dychwelyd,
   lusern yn Y Wern o hyd.

Tebot

Rhoir ar ei ddail ryw arddeliad, a cheir
    i chwi mewn amrantiad,
   yn brawf o'r croeso, brofiad
   annwyl iawn o win y wlad.

Gefeilliwn, gyfeillion

Ni all y ddwy gyfeilles hyn, yr hen
    Gymraes a'r Llydawes
   ysig yn awr, wasgu'n nes
   ond fe all dwy efeilles.

Er hyned eu carennydd hwy ill dwy
    fe all deuawd newydd
   o uno'r rhain dorri'n rhydd
   yn llawn, yn llawn llawenydd.

Felly, ar ôl gefeillio'n dwy dre' ni,
    Landerne, Caernarfon,
   â'i gilydd tery un galon
   dôn ddifyr iawn dan ddwy fron.

Iwerddon

Yn gaer gaeadfrig im, bendefiges,
bu coed f'amddiffyn yn tyfu'n y tes
yn irdwf union ar hyd fy hanes
ac, er i storm ar ôl storm o ormes
ysigo'r rhain, erys gwres eu deilio
gwyrdd goludog ym mawnog fy mynwes.

Iwerddon

Yn frwysg gan wefr ei hesgor, hi Erin
    wyryf wedi'i hagor
   a'i rhwygo, ni ddwed rhagor
   na'i chyffes ym mynwes môr.

Iwerddon

Ei chân droes yn ochenaid oherwydd
    ymyrraeth dieithriaid,
  â'r cof am ddoe'n boen ddi-baid
  enynnol yn ei henaid.

Y Ffin

Os gwyrdd ydyw gwisg Iwerddon, os llaes
    a llawn yw'n ei phlygion,
  ni chuddia'n rhwydd arwyddion
  rhosliw'r briw ar draws ei bron.

Menter Cwm Gwendraeth

I'r fenter o adfer yr iaith Gymraeg
    ymrown yn llawn afiaith
  gan roi pob gewyn ar waith
  i anwylo hon eilwaith.

Sefydliad yr Ysgyfaint

Â hunllef dioddefaint y werin
    yn ei llorio gymaint,
  gofal am yr ysgyfaint
  o dan ei bron ydyw'n braint.

Pentref Porth Meirion

Dihafal oedd fandaliaeth un gŵr oedd
    am greu trefedigaeth
  aliwn dwt; fel hyn y daeth
  Hydra i Benrhyndeudraeth.

Chwarel

Am flynyddoedd maith fe weithiwyd yn hon,
    ond yn awr anghofiwyd
  y fath gyfoeth a gafwyd
  yn orielau'r llyfrau llwyd.

Pobl y Drws Nesaf

Cymdogion cydnaws, ni chawsom ni well
    cyfeillion, ond gwyddom
  y bydd, cyhyd ag y bôm
  lwyr angen am wal rhyngom.

Non

Â Sant yn fy nhrachwantu, ni wn i
    ai hardd oedd fy nhaflu
  ai hyll, ond nid wy'n gallu
  amau'r wefr sydd yn fy mru.

Y Fam Teresa

Dduw da, am it ddod o hyd im a rhoi,
    fy Mhriod, dy fywyd
  ar Galfaria 'rwy'n caru
  dy blant ar balmant y byd.

Nelson Mandela

Tyfodd y fforest gyntefig yn dew,
    yn dywyll gaeadfrig,
  yna mwyalchen unig
  bêr ei hawdl a ddaeth i'r brig.

Emrys ap Iwan

Emrys, er gosod yng Nghymru dy wlad
    Ail Eden dy ddelfryd,
  diwerth dy arddio diwyd:
  on'd yw'r chwyn yn drech o hyd?

Van Gogh

Yn wirion annaearol ei *balette,*
    yn sbloet afresymol
  ei waith ef ceir peth o ôl
  ynfydrwydd yr Anfeidrol.

Egin

O ganfod trafferth y perthi yn gaeth
    i gyd, heb ryfelgri
  yn fyddin werdd fe ddown ni
  â'r heulwen i reoli.

Egin

Daw atom Artist eto eleni,
    Un na chlywn yn taro
  ei frws ar gynfas y fro,
  taweled ei bwyntilio.

Mis Ebrill

Y felan sy'n diflannu, a'i gofid,
    pan gyfyd i fyny
  o garchar y ddaear ddu
  Ebrillwyrth y briallu.

Ar Alban Hefin

Diddiwedd yw'r rhyfeddol, er mor wych,
    er mor iach yw canol
  oed yr Haf daw ar ei ôl
  y dihoeni syfrdanol.

Ysgub

Wedi gorffen daw gorffwys, a diolch
   yn dawel a chymwys
  wna nodau'r eurglychau glwys
  ar dreigl o dŵr yr eglwys.

Llaw

Os troes a fu'n wyn unwaith yn fudur
   caf, wedi'r caledwaith
  a'i holl lwch, â chadach llaith
  ei hanwylo'n wyn eilwaith.

Llaw

Diau tlawd ydwyt, lodes, oherwydd
   er darparu cynnes
  wely it a choban les
  'rwyt ti'n oer heb bartneres.

Brawd

Yr un pâr a fu'n cymharu, a'r un
   rhieni'n ein magu
  yn frawd a brawd o'r un bru;
  ar wahân 'rŷm er hynny.

Brawd

Er in lenwi tapestrïau'n heinioes
    â gwahanol bwythau,
   o raid yr un yw'r edau
   a'r un ydyw'r brethyn brau.

Cwlwm

Rhywun i wneud fy nghareia' a geisiaf
    ac, oes, mae'n y Cartra'
   hwn ddyn sy'n eu clymu'n dda,
   ond pam nad yw Mam yma?

Y Cyfoes Oesol

Yr un ydyw siwrne'r wennol ar waith
    ar wŷdd y presennol;
   y mae'r cyfoes mor oesol
   ag oedd flynyddoedd yn ôl.

Diwedd Blwyddyn

Os yw llostlydan yn planio'n gywrain
    ei gored a'i gweithio'n
   gaer yn daer nid ydyw o'n
   arafu llif yr afon.

Porthladd

Gwael ein llong a phan glywn y lli yn llawn
    dicllonedd yn gweiddi
  'n groch yn awr, fe gyrchwn ni
  ddŵr di-stŵr ei dosturi.

Salem

O gam i gam yn gymen y rhodiaist
    gan gredu bod rhaglen
  Duw i'w mawrhau, ond mae'r hen
  oes yn newid, Siân Owen.

Yr Hen Sul Cymreig

C'wilydd fu mannau culion yr hen hewl;
    er na welir Phaeton
  hardd ddoe ar y draffordd hon,
  mae'i hôl ar ei hymylon.

Ysgariad

Mor drist dod yma ar dro
i edrych lle cododd rywdro
ddau bensaer gaer o gariad
gan lyfnhau ar seiliau sad
gymrwd brwd gwanwyn eu brys
i ddal ei meini'n ddilys.

Aeth ar gam dan ruthr y gwynt,
gwyro o'i hysu gan groeswynt.

'Nawr, â'i mur mewn llawer man
ers amser yn bur simsan,
rhy gaeafrew y gyfraith
glecen a gorffen y gwaith.

Y Mab Alltud

Daw i holi wedi'r dilyw, — holi
    wrth weled y distryw,
  am ei fam, a ddeil yn fyw,
  ond holi di-hid ydyw.

Llwy

Taranai'r motor unwaith o'i yrru
    i'r garej yn berffaith
  ond distaw, distaw yw'r daith
  yn ôl i'r un man eilwaith.

Paun

Ni fedr hedfan na chanu yn ei fyw
    ac ni fedr ef felly
  ond deallus wyntyllu
  mater ysblander ei blu.

Cwys

Am ei einioes mae'r arloesydd ifanc
    yn profi llawenydd
  a rhyddhad rhwng morddwydydd
  aur y ddôl ym more'i ddydd.

Llyffant

Yn unig yn nugors anian ni all,
    yn ei ddillad croesan
  isod, ond disgwyl cusan
  awel hud a'i cwyd i'r lan.

Ysgall

Yn eu hetiau glas iasol, am warchod
    mae'r merched atebol
  gwrywaidd hyn sgwâr y ddôl
  â phinnau amddiffynnol.

Ar Nos Galan

Yn y gwydr cawn lygadu y tywod
    di-hoe sy'n golygu
  bod gan y truan a'i try
  wy arall i'w amseru.

Llyfr

Nid yw awdur blaguryn yn amau
    yr ymgymer rhywun
  â rhyddhau'i betalau tyn
  onid yw yn flodeuyn.

Llyfr

O freuddwyd y tyf ei wreiddiau, ond yn fforch
    lydan ffyrf ei gangau
  mae'i ddail yn llawn meddyliau
  can's diben pren yw parhau.

Eirlysiau

Cawsom heddiw, o'r diwedd, y newydd
    i'r gaeaf o'i lesgedd
  garw farw, ac ar ei fedd
  wele fale gorfoledd.

Yn yr Hydref

Rhaid gwenu ar y duedd i gochi
    can's os gwych yw delwedd
  haf o hyd mae'r wisg a fedd
  i'w diosg yn y diwedd.

Enw

Yma oedaf heb rwymedi i 'nghwyn
    yng nghanol yr *Abbey*
  mai rhyfedd y gorweddi,
  nid heb fedd ond hebof i.

Sylwadau

37 *Rhieingerdd:* Benthyciwyd teitl cerdd John Morris-Jones, a mwy.

40 *Doli:* 'Iaith ydyw cof cenedl, a phan gyll ei hiaith cyll ei chof, a gwallgof fydd,' Lewis Valentine.

41 *Egin:* Eisteddfod Genedlaethol De Powys 1993.

42 *Cyrn Cyfieithu'r Eisteddfod:* 'Ni wnaed cerdd ond er melyster i'r glust, ac o'r glust i'r galon'; *Pum Llyfr Cerddwriaeth,* Simwnt Fychan.

43 *'Y Bwthyn Bach':* Rhoddwyd hwn yn anrheg 'gan bobl Cymru' i ferched bach brenin Lloegr ym 1937.

44 *Sycharth:* Tlws Coffa Roy Stephens, Castell Nedd 1994.

49 *Y Dinesydd:* Papur bro Caerdydd. Bu Meredydd a Phyllis Evans ymhlith ei sefydlwyr.

50 *Eigra Lewis Roberts:* 'Rhodd enbyd yw bywyd i bawb', Saunders Lewis.

51 *'Hwyl' Ifor Owen:* Bu'n cynhyrchu'r comic am flynyddoedd lawer.

52 *Cyfarch Meic Stephens:* Golygydd *Cydymaith i Lenyddiaeth Cymru* a *The Oxford Companion to the Literature of Wales.* Cyhoeddwyd y ddau ar Ŵyl Ddewi 1988.

53 *R. S. Thomas:* Trafodwyd yr englyn hwn yn *Barddas,* Rhif 202, Chwefror 1994.
    D. Gwyn Evans: 'Englyn yr Wythnos' yn Eisteddfod Casnewydd 1988.

54 *Syr Cennydd Traherne:* Bu'n Rhaglaw ar yr hen sir Forgannwg ac ar y tair sir a sefydlwyd yn ei lle ym 1974. Ysgythrwyd yr englyn ar ddesgl wydr a gyflwynwyd iddo wrth ymddeol ym 1985.

59 *I Megan Wynn Jones:* Mam Einir, a'i phlant yn ei chyfarch.

65 *Er Cof: Edgar Wynn Jones,* tad Einir.

66 *Coffâu'r Rhai Bach:* Lluniwyd i'w osod ar glawr Llyfr Coffa i Fabanod mewn ysbyty.

67   *Amser:* Lluniwyd ar gyfer Defod Tlws y Ddrama yn Eisteddfod Casnewydd 1988.
Bryniau: Eisteddfod Cwm Rhymni 1990.

68   *Ym Mlaenau'r Rhondda Fawr:* Saer coed o brydydd oedd Tomos Howel Llywelyn (1780-1851). Fe'i claddwyd ym mynwent yr hen gapel Libanus ar Waun Pwll Brwyn, eiddo fferm Cwm Seibren. Ar dir y fferm honno ym 1850 y suddwyd y pwll glo cyntaf ym mlaenau Glyn Rhondda gan Ardalydd Bute. Enwau ar ffermydd, ac ar lofeydd maes o law, oedd Tŷ Draw a Thŷ Newydd.

72   *Cyfrifiadur:* Eisteddfod Genedlaethol Castell Nedd 1994.

75   *Pentref Porth Meirion:* Ceir cyfeiriad yma at *Hydra*, yr ynys yng ngwlad Groeg â'i phentref prydferth yn denu miloedd o dwristiaid, ac at yr anghenfil y bu'n rhaid i Heracles ymgodymu ag ef. Pe torrid un o'i aml bennau tyfai eraill yn ei le.
Non: Yn ôl Rhygyfarch treisiwyd hi gan Sant, brenin Ceredigion, er mai lleian oedd.

78   *Llaw:* Cafodd fy nhad gystudd hir ar ddiwedd ei oes.
Llaw: Eisteddfod Genedlaethol Llanbedr Pont Steffan 1984.

79   *Cwlwm:* Eisteddfod Genedlaethol Dyffryn Conwy 1989.

80   *Yr Hen Sul Cymreig:* Tlws Coffa Roy Stephens yn Aberystwyth 1992.

84   *Enw:* Cyfeirir at fedd y milwr di-enw yn Abaty Westminster.